고수

노숙공화국

양해열

시인의 말

두 번째 시집이다.
흉작은 아닐까, 여름 내내 고민도 했었지만
그마저도 잊었다.
가을이므로

모르겠고 인, 민,
이놈들이나 높고 맑은 하늘을 보았으면 좋겠다는
간절한 생각뿐이다.
내 詩이므로

2012 가을 순천만에서 양해열.

양해열 시집

고수

차례

1부 공중사리탑

2부 편안한 미로

3부 허공의 겨드랑이

1 부

공중사리탑

살아 있는 장례식

고열과 기침이 난무하는 신종인플루엔자의 계절,
살아 있을 때 내 장례식을 치르고 싶었다

움직이는 시신들 영안실로 몰려와 두 번 절하고
부의함에 봉투 넣고 소음 속으로 섞여간다
아케론의 뱃사공 카론에게 건넬 여비가 생기면
3일장은 즐겁다
흰 국화꽃 한 송이 영정사진 옆에 놓고 기도하는 약혼녀
어제 종교를 바꿨으므로 오늘은 울지 않는다
빈 오동나무 관 속에서 시퍼런 번갯불 일고
천둥벼락 치는 소리 들려온다
종이컵에 부딪히는 전생의 내 이야기들
독한 소주 빛으로 방울져 은박매트에 똑똑 떨어진다
땅바닥에 깔린 은하수 속 목동 전갈 물병 사냥개 사수 고래……
이승의 별명들이 별 무리로 흐르더니 별안간

밤하늘로 떠올라 다시 탯자리를 잡는다

자정이 오자 어제의 시신들 죽음의 방을 모두 빠져나가고
죽은 나만이 방명록을 펼쳐들고 운다
나를 사랑했던 사람들과 나타샤와 흰 당나귀, 악의 꽃
선암사 600년 묵은 홍매까지 조문객으로 다 왔는데
작년에 황천 가신 어머니만 오지 않았다
레테의 쇠가죽 북소리 둥둥 목구멍에 차온다
태양의 혼불이 탈 때 보고 싶은 사람 정령이 보인다 했지
해바라기 씨 기름에 무명심지 꽂고 성냥불을 댕긴다
저기, 내가 건너오지 못하도록 꼬박 일 년 째
망각의 강물을 바가지로 퍼내고 있는 어머니
꽃불 흔들며 환하게 웃고 있다

침묵의 옷을 입은 밤하늘의 관객들 눈만 껌벅인다

장례식 도중에 뛰쳐나와 옥상에 서서
밤새도록 쿨럭이며 우는
뜨거운 시신 하나

고수高手

1.1에서 2.9 사이의 난이도로 입수하는 비오리

공중에서 세 바퀴 반을 굴러
산 그림자가 놀라지 않게 물풀이 다치지 않게
날개 접고 다리 뒤로 뻗어
몸의 곡선을 팽팽하게 잡아당기고

방금 사선으로 잠수한 비오리
강물의 속살을 뜯어 물면서
푸우, 쏟아낸 하늘 몇 모금
구시렁구시렁 살아나 수면 위로 피어오르더니

꽃, 꽃, 꽃, 물꽃을 딛고
피라미가 비오리 혀, 독설을 물고
훨훨 타는 갈밭 위로 붉은 노을 속으로 거침없이 뛰어든 찰나

아, 공중사리탑

그가 낡은 처마 끝으로 갔다
고난도의 다비식, 전광판도 기록하지 못했다

페이스 온

영혼도 외모를 따지는 세상
망자는 염습이 끝나도 바로 관에 들어갈 수 없다

on과 off 사이에서

메이크업 아티스트가
그녀 얼굴을 그려 넣고 있다
고비마다 표정 바꾸며 살아온 변검사變瞼士의 마지막을

고개 한번 숙였다 쳐들 때마다
한 꺼풀씩 뜯겨 옆구리로 사라진
수백 수천 장 가면으로

맹수를 쫓고 부잣집 담장을 넘었겠지

잔잔한 볼웃음과 눈빛

삼베 끈을 풀고 사체가 곧 일어설 것 같다

불끈 솟는 내 귀면鬼面의 꽃들도
미래 속으로 한 장씩 감기다
멈칫,

저런!

화사하게 피겠다

* 변검(變臉): 눈 깜짝할 사이에 가면이 바뀌는 중국 전통 가면술.

갈등葛藤

직립의 언어에는 없던 도구다

컵라면을 먹고 도서관과 박물관
두 덩굴동물 사이 벤치에 앉아 커피를 마신다
점이지대의 편안한 등받이의자처럼 겉몸은 굳어가지만
뱃속이 꼬여온다
칡넝쿨이 등나무를 휘감고 있는
이 그늘도 수상하다
꼬일 대로 꼬였으니 풀릴 일 없겠다

멀리 어제의 S조교가 분홍 보자기를 들고 차도를 걸어 교문 쪽으로 간다 과속방지턱에 걸려 넘어진다 매듭 풀린 보자기에서 종아리 허벅지 엉덩이 허리 가슴라인이 쏟아져 구른다 지나가던 검은 세단이 모두 싣고 간다 뒷자리가 훤하다

가만 보니 뒤죽박죽은 아니다

등나무는 오른쪽으로 감아 올랐고
칡넝쿨은 왼쪽으로 감아 돌았다
질서정연하게 뒤엉켰다
혼자서는 설 수 없는 몸
누가 세운 중심이건 상관없다
우뚝 서고 싶을 뿐이다,

봄엔 포도방울 소리를 여름엔 꽃뱀을 매달던
히드라의 동아줄이 쇠말뚝의 목을 꽉 조르고 있다

한통속은 너무 힘이 세다

지서地書

천안문광장 눈 부신 햇살 아래
빗자루만 한 붓으로 맹물을 찍어 전서篆書를 써내려가는 백발노인,
붓끝이 땅에 닿자마자 줄줄이 하늘로 솟아오르는
저 수많은 몸짓들

지상에는 한 획도 남기지 않으려는 듯
차라리 하늘에 새기려는 듯
바쁘게 증발하는 글자들

꾸벅꾸벅 졸다 헤헤 웃으며 승천하는 용의 몸짓이다가 너울너울 왔던 곳으로 되돌아가는 학춤이다가 처음 마지막인 사자 울음소리이다가

천리만리 달려와 숨도 고르지 못한 태산 한 자락 씩씩거릴 때 빨주노초 꽃잎들 다투어 피어오르네 어쩌다, 황금 거북이 한 쪽 귀에 대고 진흙밭 건너편 애기

도 전했을 법한데

구차한 세상에 명당이란 없나니
그래 이 땅에는 명문도 없나니
쉽게 지워져 솟구치는 문장, 만장萬丈의 뼈를 가진 힘이여
잠언 한 구절 떠나간 곳이 하늘이라면
속된 비망록엔 글 한 줄 남지 않아야 하리

서풍 불고 어둑어둑,
지워지지 않는 행서行書를 쓰는 저녁 빛 아래
긴 문장을 맞고 있던 노인
천안문광장 한복판이 쑤욱 들릴 때
큰 대大, 자字 하나를 땅속에 눕히네
문맹의 지상이 환해지니 내가 어두워지네

골빈당을 위하여

머리 깎고 손발 묶은 원숭이 한 마리 원탁 밑에 끌어다 앉히고
즉석요리는 시작된다

발버둥치는 동료들에게 손 흔들며
제 발로 사육사 문턱을 넘은 저 애늙은이,
가부좌 튼 동자승 같지만
철판 방석에 불을 붙이자 엉덩이가 뜨거워 팔딱팔딱 뛴다 식탁 한복판에 뚫린 애호박만 한 구멍에 빛나는 정수리를 틀어박고 북을 친다

길고 넓적한 망나니 칼이 비행접시 둘러쓴 사팔뜨기 두개골을 순식간에 밀어버릴 때 왜 사람들은 박수를 치는가 무슨 죄 밝히고 어디로 갈 것인가 어안이 벙벙, 뚜껑 열린 원숭이는 난감한데
소중한 엉덩이와 꼬리뼈가 불타고 있으므로 악 쓸 겨를도 없는데

둘러앉은 원숭이 후손들, 북장단에 맞춰
아이스크림 떠먹듯 은수저로 골을 파먹는다
천축으로 가는 비단길을
석유 먹고 자란 스텝사막 호양나무 그늘을 퍼먹는다
유인원이 넋 놓고 바라보던
모래언덕 위 불타는 바다를 둘러 마신다
더 영악해지고 더 발끈해질 수만 있다면,

하지만 저 법사, 잠시 살아 있어야 한다
사막의 전갈처럼 뇌 속에 핀 총소리와 아우성을
군홧발들이 다 퍼낼 때까지
먹다 남긴 굳은 뇌 조각들 무쇠솥에 던져져 들끓고
긴 설법으로 풀리다가
진국으로 다시 우러나올 때까지
이윽고 더 큰 사원 한 사발 쭈욱, 들이켤 때까지
둥당둥당
무뇌아들의 세상을 난타해야만 한다

세대교체론

–레임덕

겨울에 생태관람로 따라 누런 갈대를 쭈욱 베어냈다.
장발단속에 걸려 바리깡질당한 훤한 머리길 굵게 한 줄 생기고 겨우내 순천만 바람은 사나운 장수처럼 낮은 외길을 군림했다.
노장들은 굴비처럼 엮여 지붕 위로 올랐으나
저 빛나는 연륜!

봄이 되자 노지露地보다 묵은대 속의 청갈대가
더 빨리 자라 올랐다. 개펄 눈꺼풀을 밀치고 나온 연초록 화살촉들이 새떼를 겨냥할 때, 묵은대는 막아서지 않고 허리 사알짝 비틀어 과녁을 내어주고
찬바람 막아대느라 빈 몸만 휘청거렸으리.

꺼진 모니터 같은 썰물의 물웅덩이에
전원 켜지듯 달이 뜨자, 맹물과 소금물 뒤섞인 수면에 청갈대도 제 할 일은 다 했다고 쓰인다. 제법 커서 붓대가 되어서는 곧장 천자문을 떼고, 몇 년을 참다 보

름 만에 제 평생의 키를 한꺼번에 밀어 올리는 속 빈 대나무처럼 사자성어를 중얼거리며 쑥쑥 커 올랐지만
세속의 사서삼경을 다 익힐 때까지
씨방 맺혀 고개 숙일 때까지
결코 묵은대를 밀어내지 않았다.

서로가 서로에게 빽빽한 허공을 내어주었다.
제 몸도 비었고 하늘도 아직 빈 곳이 많다는 것을 어떻게 알았을까, 개펄의 불립문자를 무수히 외우는 저 신구新舊의 조화로움이

이 땅의 오리 오늘의 오리 탐욕의 오리로 하여금
초라한 별빛 사이를 되똥되똥 걷게 했을 것인가?

구제역의 계절

매곡동성당 담벼락 위로 흰 장미꽃이 12월의 물집처럼 번져간다

미쳤어 백신Vaccine을 안 맞다니, 일 년 동안 스몄던 종소리가 이 계절에 돋다니, 구세군 자선냄비 속으로 한 마디씩 내던지며 지나가는 살진 소와 돼지들 입언저리에도 우둘투둘 수포가 생겨난다 발랑 까진 코와 노란 털이 보송보송한 귀를 달고 우피 돈피 통굽 구두를 신고 중앙동 네거리로 몰려가 휘황찬란한 네온 불빛에 파묻힌다

아우슈비츠 독가스는 너무 신사적이었어, 어제 굴삭기로 땅을 파고 빤히 눈 뜬 사람들 엉덩이에 근육이완제를 놓고 식칼로 배를 갈라 피와 내장을 뿌렸으므로 아니, 더러 산 채로 묻었으므로 그럼, 온 힘을 다해 죽였으므로 저들 발굽도 다섯 갈래로 쪼개졌으리라 쉬잇,

하지만 소문의 물웅덩이는 입에서 입으로 쉽게 건너가고 고여서 터지는 병, 어차피 산다는 것은 즐거운 입이 잠시 불러대는 의심이라는 돌림병 아니던가 저기 묽게 흐르는 크리스마스 캐럴처럼

모조리 죽여야 해, 흰 가운과 방독면으로 중무장한 소 돼지들이 물집 터져 끈적끈적한 거리를 낱낱이 검문하고 있다 가슴을 열어보지 않아도 사람들의 심장 근육엔 호반심[tiger heart]을 띈 흰색 반점들이 자라고 있을 거야, 과속방지턱에 걸려 삐걱거리는 자동차 바퀴에 맹물을 쏘고 있다

때 늦어, 젖고 얼어, 벌벌 떨지 않을 길이 이 땅에는 없으니, 이제 슬슬 다른 인종을 수입해오면 어떨까,

호스트

젤리 바른 머리 투구처럼 세우고 겨드랑이에 향수를 뿌린 젊고 말 없는 오빠 루이13세 모가지가 풀리면 금영반주기 리듬에 맞춰 담배연기가 힙합을 추는 물 좋은 압구정 호수의 코사노바 삐끼가 물어다 준 씻은 호박씨 같은 아가씨 긴 밤! 외치며 나를 간택했으므로 흰색 쫄티에 깔깔깔 입술 꽃이 피어나도 지퍼 내리고 무선마이크 꽂으며 큰 코를 마구 잡아당겨도 진정한 선수는 헤프지 않게 영어나 불어로 웃는다 예쁘고 순해서 받은 팁, 부수입이 아니어서 사내의 자존심이란 싸구려 액세서리는 재떨이에 비벼 끈 지 이미 오래 태양의 피 코냑을 따르다가도 울컥 젖가슴 껴안고 입술을 훔치고 싶은 미시도 만났지만 수표 몇 장에 하룻밤치 허리힘과 괄약근을 팔아야 하는 나는 로봇의 후손이다 이 밤도

애프터 없음, 명찰과 센서를 붙이고
호빠 정빠 디빠 불타는 지하 행성을 떠돈다 박카스

한 병에 우루사 한 알 털어 넣고 밤새도록 젖은 갈매기를 더듬고 말리다가 설핏 잠이 들었지만 등이 하얀 여자보다 먼저 깨어난 새벽 간밤에 집어넣은 골프공은 뜨거운 블루스를 잊은 채 바지주머니 속에서 축 처져 있는데 먼 유랑의 게르 속 내 고이 모셔둔 이 해바라기 촛대는 햐! 또 누굴 위해 고갤 쳐드는 것이냐

노숙공화국露宿共和國

왜, 그는 두터워지고 나는 중복되는 걸까
두툼하게 담쌓을수록 옅어지는 경계, 지을 수 없는 집들, 요원한 내 욕심의 손끝은

19로路에 내몰린다.
신도시에 아홉 개 역驛이 있고 역세권 땅값은 비싸다
화점花點주위 네모 반듯한 땅에서의 흑백 각축전

불계, 불계패다 이단, 삼단 젖히다 빵때림 당하고

그와 앉아 판 벌이는 날이면, 그는 사거리 중심에 서서 호령하는 행마行馬의 달인達人, 광개토대왕의 말갈기로 중원을 휘저었다 나는 칸살에 들어앉아 오두막집 짓거나 시 쓰거나
바둑판이 원고지냐, 핀잔 듣다가

켜켜이 암울한 어느 날엔 빈칸에 들지 못하고 좌우

상하 대각선으로 마구 달렸던 것인데 경계 긋고 서로
그 안의 집들 세어보았던 것인데
하, 이 판에서 집 한 채란 사거리 한 개라

여기에선 길거리에 나앉는 게
집 한 채 얻는 일이라니
그도 내 빈 몸도 놀라워
도화궁桃花宮에 갇혀 죽을 일이라니

위험한 초대

따로국밥을 먹고 있는데 날아든 모바일 청첩장
이혼식離婚式에 당신을 초대합니다.

청춘이 매장된 무덤을 위한 레퀴엠이 흐르고
파뿌리 송송 머리에 인 남녀, 구름마차 타고 입장한다
꼬리가 긴 박수를 쳐대는 하객들
물끄러미 바라보다가 뻘밭 오리처럼
주위를 두리번거리는 늙은 목木기러기 한 쌍
부러워 눈물 흘리고

마지막으로 하나가 된 둘은
입 앙다물고 망치로 결혼반지와 금장시계를 부순다
산산조각 나는 20년, 환호성을 터뜨리는 폭죽
샹들리에로 튀는 몇 캐럿 부러운 시선들과
바닥으로 떨어지는 분침 시침......

빛나는 졸업식장 같다

신부는 시원섭섭한 안개꽃부케를 내팽개치며 활짝 웃고
신랑은 만세삼창을 하고
예비 처녀총각들은 우당탕탕,
양탄자 위에 흩어진 별 부스러기와
과거로 되돌아가는 시곗바늘을 주우러 뛰쳐나간다

저 기념사진이 인화되기도 전에,

술에 찌든 봉황이 그려진 엽서가
내게 배달될지도 모른다 건넌방 아내로부터

하지만 나는 문틈에 끼워진 그것을
못 본 체 뜯지 않을 것이며
정수리에 솟은 뿔로 방문을 들이밀며
단단히, 버티리란 것이다

참돔사냥

난바다로 쓰던 물이 돌아서서 입에 게거품을 물더니
번득이는 수십 만 개 칼날을 쳐들고 돌진해 온다
저 초들물의 반전은 황금시간대
실직이라는 날벼락을 맞고서야 얻은 피뢰침을
낚싯바늘로 구부려 소용돌이치는 조류 속에 던져 넣고
돔 중의 돔을 기다린다 오늘의 미끼는
머리에 창槍을 단 일각고래도 놀란다는 크릴새우
남빙해의 독한 술에서 깨어난 녀석이 설설 웅크렸던 허리를 편다
실업수당 월 50만 원에 붙은 단칸방의 어린 새끼들 눈알처럼
깜박거리는 붉은 구슬찌가 본류대 거친 물살을 요리조리 헤엄쳐 간다

직원감량 파고 끝에 양재지하철역 바닥에 앉아 릴을 던졌을 때
시퍼렇게 부릅뜬 눈 검은 선글라스로 가리고 한치 더

깊은 곳으로
제 바닥을 밀어낸 찌그러진 양은냄비를 내밀었을 때
차라리 그물질이 나을 거야 막고 품는다면 또 모를까,
밑바닥 모르는 행인들은 쨍그렁, 비웃음을 집어던졌지
하지만 그때 나는 낚시의 묘미를 터득했던 거야
조업중단 직장폐쇄 파도를 일으켰던 노대바람과 마파람 사이를 날던
검은부리괭이갈매기가 스티로폼 부표 위에 앉아
까닥까닥 흰 꽁지 흔들며 조곤조곤 애를 태운다
기다려야 해 큰 놈일수록 입질이 약은 거야
미끼를 빨아들이는 들숨도 아주 느리지,

언젠가는 팅팅 기타 줄을 울리며 낚싯대는 휘는 법
머리를 돌려 심해로 달아나려는 미터 급 붉은 잠수함이
허리뼈를 몸 밖으로 내어달라고 생떼를 쓴다
조출 야근 잔업에 시달렸던 멘소래담 냄새 스민 뼈마

디들이
 꺾여버릴 것만 같다 이 무서운 당길힘을 견딜 수만
있다면

 오히려 내게 활시위를 당기는 헤라클레스여

 왔다! 낭창거렸지만 죽을힘으로 건져 올린 참돔
 가슴 덥혀줄 것은 태양이란 걸 그대 아시는가

2부

편안한 미로

베이비 디자이너
–배아복제 1

당신 머릿속에 자궁이 있어요

넌 어디에서 태어났니?
침대 위에서? 보리밭 샛길에서? 자동차 속에서?
아니 시험관에서...... 아이 진부해, 이 자판기는 아기를 팔아요 투입구에 30캐럿 다이아몬드 넣고 스타트버튼을 누르세요 반죽에 소스, 토핑 얹고 피자 한 판 굽듯 3분이면 돼요 흰 피부 검은 머리 붉은 입술 백설공주도 맞춤형 아기의 원조예요

벤자민 버튼의 거꾸로 가는 시간*을 보았나요
늙은이로 태어나 나이 들수록 젊어지다 어린아이가 되어 핏덩이로 죽어가는 악성 바이러스에 감염된 미스터 버튼, 아이도 하나 낳았는데 혹, 자기 닮지 않았나 갓난애 손가락 발가락을 지폐 세듯 넘기더군요

아아 내 아이는 나를 닮지 않았으면 좋겠어요
손오공의 키 삼장법사의 귀 저팔계의 코와 머리통을 물려주긴 싫어요

버튼을 누를 거예요 랄랄랄라 어서 오세요 원하시는 대로 고르세요 랄랄랄라 아이큐 190 키도 190 그래 푸른 눈동자 장동건이 좋겠어요 하버드 거쳐 신밧드 담요 타고 할리우드로 가는 내 아들, 신나잖아요

나오미 캠벨처럼 늘씬한 당신, 뱃속에 아기를 키우다니요

주문하면 돼요 아이보리 글러브를 낀 지 십 년이 넘었어요 권투하는 느낌의 섹스, 나 이제 지겨워요 처음부터 오랏줄로 묶었어야 했어요 21세기 탄생의 정관定款, 내 죄 많은 호스 말이에요 하하하하 저기 죄 짓지 않은 아이가 있어요 사이보그처럼 뭐든지 알아서 척척, 저 유전자를 사올 거예요 아기자판기 버튼을 힘차게 눌러요 우리,

당신은 머릿속에 자궁이 있어요

* 브래드 피트 주연의 영화 제목에서 인용.

화장하기 좋은 날

–배아복제 2

1.

서울산부인과 토끼눈깔 누나가 건네준 신문지 뭉치는 항상 따뜻하고 물컹거렸다

눈이 퀭하고 기침이 심한 고모부가 손에 쥐여준 십 원짜리 동전 두 개엔 검붉은 피딱지가 붙어 있었다

곰국이 끓을 때까지 고모는 부엌에서 나오지 않았고 굴뚝에선 산모와 아기의 울음소리가 거멓게 타올랐다

하늘의 천둥번개와 고모부의 기침은 주거니 받거니 긴 여름을 소리의 힘으로 버텨냈다

기침 멎는 특효약은 지친 시간 속에나 있는 거라고 동네 사람들은 수군거렸다

날이 좋아 장작불이 잘 타겠다며 관솔 더미에 지전 한 장씩 꽂고 서둘러 돌아갔다 그해 겨울, 불구경 탓인지 앞 강과 나는 잔기침을 놓느라 백일을 시달렸다

2.

돼지와 양의 태반추출물을 찍어 바른 그녀가 원하는 건 정품이지만 서울산부인과는 오래전에 문을 닫았다

눈주름을 메웠던 아이크림이 들뜨고 있어, 목주름이 늘어가잖아!

그녀는 울상 짓는 하회탈, 털 뽑힌 개코원숭이의 얼굴로 손거울을 들여다보며 방안을 빙빙 돌다가 팽이처럼 쓰러진다

나는 어디 만들어진 신神*을 올려다보며 비품인 돼지와 양들을 정품인 사람으로 빨리 진화시켜줄 것을 기도한다

이후로 모든 동물들은 한 태반에서 완두콩처럼 열릴 것이다

어린 양과 새끼 돼지들 아기 울음소리가 뒤섞인 방언放言이 석 달 열하루째 장맛비로 쏟아진다

세상은 물 위에 뜬 한 척의 인큐베이터,

어떤 방주方舟 하나는 어젯밤 빈 배로 떠났다

촉촉해진 그녀가 화장발 잘 받겠다며 출렁거리며 웃는다

*리처드 도킨스의 저서에서 따옴.

아이쇼핑
–배아복제 3

눈으로만 사겠다는 게 아니에요
백화점에 아이 사러 갔어요 휴대용 현미경을 써도 되나요 고객의 권리잖아요! 맨 왼쪽 알의 우윳빛에 마음이 끌리네요

헐–, 속고만 사셨나요
보시는 것처럼 건강한 아들 둘 딸 둘이에요, 수정란 네 개를 내어놓은 여종업원, 한 뼘도 넘는 예쁜 입 삐죽거리며 몇 가닥 안 남은 머리칼을 또 뽑아대네요

난 축구광이에요
깊은 눈빛과 볼우물을 가진 내 사내아이가 각도 큰 프리킥을 쏘는 걸 보고 싶어요 뭐라고요? 베컴 형 우량종은 할부가 안 된다고요? 어지럽군요 내 왼쪽 뇌를 3분간만 빼주세요 좀더 싼 것 없나요...... 말끝 흐리던 내 붉은 혀가 길게 빠져나가 거울에 비친 여종업원 대머리에 엉켰어요 아가씨는 연둣빛 두피가 참 어울려

요, 또 거짓말을 했어요 혀를 말아 들이며 색깔을 붉은색으로 다시 바꾸는데 눈물이 핑 돌지 뭐예요 제조일자 맞나요 홍채虹彩사인 빨리 하세요 흐미, 흐미,

연둣빛 두피의 악마 같은 여종업원
또 쫑알거려요 내 미모를 한눈에 알아보셨기 망정이지 운 좋은 줄 아세요 사실 개는 줄을 섰었어요 질병에 걸릴 확률 제로예요 조기 탈모, 근시, 알코올중독, 약물중독, 폭력성향, 비만, 나쁜 인자들은 모두 제거했어요 마이 달링, 코 벌름거리며 엉덩이 씰룩거리며 집 앞까지 따라오지 뭐예요 무서워서 골목을 이중삼중 잠궜지요

눈에 드는 녀석만 사서
키운다는 얘기예요 우리 집엔 호날두 앙리 지단 루니 박지성 무럭무럭 자라는 꿈나무가 많아요 사실래요?

인간의 설계도
-게놈지도 1

선암사 대웅전 해체공사를 하다 천정 칸막이 금강송 판자에 쓰인 바다 해海 자와 물 수水 자를 보았어요 웬 바닷물?

살고 있는 여기가 화엄華嚴의 바다라는 뜻이다! 원주 스님은 까까머리에 알밤 먹이고 사흘을 굶겼지요 그때 뱃속에 새겨진 해도海圖가 내 삶의 짜디짠 지도였을까요 나는 잘게 쪼개져서 무언가로부터 끊임없이 해독되어 왔어요
몇 개이고 어디일까요 나는?

게놈? 꽃게가 슬퍼할 일이 아니에요 바닷속에 앉아 K(50세, 한국인)의 유전자 도면을 읽었지요 엄지손가락에서 빼낸 그의 피 한 방울 속으로 들어가 알파벳과 아라비아숫자를 타고 갈 데까지 가보았어요 한데, 디엔에이란 아데닌 구아닌 시토신 티민 네 가지 염기鹽基로 빚어진 간장이더군요

30억 개의 K를 이제 다 알겠어요 그가 이런 이야기도 하더군요
간장 속에는 콩이 있고 햇볕이 있고
쏟아지는 비와 내리치는 천둥벼락이 있다고

그러니 사람도 마찬가지, 시커먼 놈 하얀 놈 누런 놈, 급한 놈 느려터진 놈, 짠 놈 싱거운 놈, 열 많은 놈 차가운 놈,
제각각 태어났다고

허나, 바꿀 수 있으니 그려진 그대로 살 필요는 없다고
팔자소관은 어디에도 없는 거라고

맞아요 남몰래 눈물 흘리고 땀 흘려 나(我)를 키워 가면
자신의 설계도도 바뀌지 않을까요
저 바다 밑으로 가라앉았다는 전설의 대륙도
다시 끌어올릴 수 있지 않겠나요

내 길을 읽다

–게놈지도 2

손바닥에 게놈지도를 펼쳐 들고도
은하로 가는 길을 잃을 순 없다
보물지도처럼 미지의 문자로 쓰였지만 어렵지는 않아
편안한 미로라고 부른다 내 핏속 수십억 갈래의 길,
시뮬레이션 자동차게임처럼 암호해독이 시작되면
이중나선형으로 꼬인 피톨들이 스크린 속을 내달린다
욕심껏 감다 엉킨 낡은 영화필름이 풀리는 듯한
이 주행의 거꾸로 흐르는 시간은 참 빠르다
브레이크 옆 부비트랩을 조심하라는 자막이 흐른다
낯선 조상에게 발목을 잡아먹힐지도 몰라요
커브에선 멈추세요

대代를 이어온 곡선은 대부분 상처라고 말한다
곱슬머리, 대머리, 남산만 한 똥배, 불거진 광대뼈, 옥은 이빨, 안짱다리, 돼지코, 고래잡이 어선, 호박머리통과 그 속의 탁구공......
하지만 더러 빛나는 것들도 눈에 띈다

쌍꺼풀, 크고 밝은 눈, 툭 튀어나온 엉덩이, 햇무리 지는 심장......
좌회전 우회전할 때마다 생명공학박사는 돌연변이를 낚아 올려
혈통에서 지우겠다고 메스를 들이댄다
이럴 때 나는 성직자의 목소리를 빌어 애원하는 것이다
노다지를 찾아가는 내 길, 찢어지고 터지고 깨어져선 안 돼요
물려받은 수수만 리 길 중에서
물려주지 않아야 할 고갯길은 고작 한 뼘 뿐이잖아요
이 골짝 저 모퉁이 돌아 실크로드를 이어갔듯
낯선 옛길 속에 은하수 물길이 있어요

작지만 단단하게 소리쳐보는 것이다
시리우스 베가 데네브 카펠라 루시 3번소행성B612
내 뱃속 다이아몬드 몇 과果가 비춰주는
환한 길을 읽으며

재수 없는 날의 오후
–게놈지도 3

14시, 게놈지도를 훑어본 보험설계사는 청약서에 ×표를 쳤다 붉은 십자가가 기울자 우울증이 심해졌다 탈모가 일어나고 비곗살이 많아지고 시력이 나빠질 게 뻔하단다 우성인자를 복제하지 않고 자연 임신을 선택한 엄마가 오늘따라 더 밉다
왜 유전학자를 안 믿고 하나님을 믿었나요?

또 취직에 실패했다 인사부장은 근로계약서를 화면에서 지웠다 진짜 이력서는 내 핏속에 있었다 1년 안에 조증에 걸릴 확률 50%, 상사 폭행 60% 집중력 상실 70%...... 양극성장애를 관장하는 내 11번 염색체, 빌빌 꼬인 불멸의 코일 탓이다
15시 정각의 비행기가 3초씩이나 연착했을 때부터 조짐이 안 좋았다

16시, 게놈지도를 위조하려던 극악무도한 놈과 유전자가 비슷하다는 이유로 오늘도 불심검문에 걸렸다 세

상에나, 제 몸의 설계도를 바꾸려는 놈이 또 있다니! 귓
불이 따가운 건 둘째 치고 요즘은 피 한 방울도 아깝다
유진 머로우 피도 이제 몇 팩 남지 않았다

맞선 본 17시는 차라리 치욕이었다 공부 못하는 유전
자를 가졌다며 비너스처럼 못생긴 여자에게 퇴짜 맞
았다 요즘도 아이를 낳으려는 여자가 있다니! 텅 빈
동물원에나 보낼 인간, 아냐 아직까지 그 여자,
사타구니에 캐스터네츠를 붙이고 있는지도 몰라

해피, 한 대목

–게놈지도 4

밤새 통성으로 울던 해피,
해가 뜨자 프랑스풍 귀곡성으로 우네요

오토바이 바퀴는 떠나고 척추는 부러지고
끊긴 밤길은 해피 몸속에서 꿈틀거려요 푸들푸들 떠는 푸들종種 해피, 쥐어짠 마른걸레처럼 눈 툭 불거진 앉은뱅이 금붕어처럼 마비된 그늘에 처박힌 해피,

영영 걸을 수 없다니요
제발 일어서봐 한 번만이라도 좋아 끓는 목의 메나리조로 사흘 밤낮 나도 따라 울었어요 쉿! 밀선密船에 오를 거예요 우리, 목젖에 걸리는 해피의 척추를 위한 밀항은 죄가 아니잖아요

해피의 암호해독은 단돈 천 달러
24억 쌍 염기서열의 이중나선형 사다리가 무지갯빛으로 펼쳐져요 금실로 짠 침대로 오르는 샹보르성城

계단이 저럴까요 레오나르도 다빈치 씨?
〈chr21: 32356780〉 CACGTCGAGAGATCACAGGTTA
CA........ RH8 2213454 〉 a-------A. 111360312.
아, 여기군요 바퀴 홈이 찍힌 곳, 막힌 길에 줄기세포
주사 한 방 놓을까요? 허벅지에서 떼어낸 살점을 쪼개
증폭기에 넣던 닥터 다빈치, 오우 해피! 상긋 웃네요

해피가 꼬리북 치며 눈물로 달려와요
나도 목 껴안으며 목안엣소리로 울다가 눅은목으로
쌉싸름달큼하게 짖어요 해피, 해피, 절창이지요 우리?

커튼콜
-게놈지도 5

추억이란 병으로 누구나 죽어가지만
피아노, 이 우울한 동물을 위해 엄마는 알츠하이머를 앓았다

기억 용량이 적어지면 아잇적 놀던 자리에
꽃이 핀다고 말하자, 딴머리 소녀는 피아노 앞으로 날아가 앉는다 그랑프리를 꿈꾸던 아이

간밤에도 머릿속 천사와 악마 사이에
심한 다툼이 있었는지 눈이 퀭하다 귀신도 치기 어렵다는 밤의 가스파르를 치게 해주고 싶은 날이 늘어가지만 손가락 열 개로는 어려워

그녀 손샅에 씨눈을 뿌려준다
달 뜬 밤마다 개펄 심장을 뚫는 개불처럼 자라나는 새 손가락 여덟 개를 기다리며

떠날 때를 미리 앎으로 온전한 이 밤에
스물셋 처녀가 88건을 후려치고 있다 단지斷指의 무덤
이라 부르던 타악기를 깨뜨리고 있다

업그레이드를 원하는 것들로 가득 찬 세상
또 어딜 가시려는지, 아직도 이승의 삶과 사랑은 의증
疑症일 뿐이고 현대판 나비 축제 신세계 비창을 연주하
기엔 건반도 부족한데

흰 드레스와 어깨가 차다
숨은 멎었지만 귀는 한참 열려 있다가 닫히는 창문
연주가 끝나고 나서야 눈물은 떨어지고

커튼 밖만 들끓고 있는 밤

신新 고려장
–게놈지도 6

제주공항 로비는 환한 옹기 속 같아요
할머니는 투명유리 속에 오래된 미아처럼 어둡게 앉아 있었죠 자신을 삼각지 마포종점 라스베가스 런던에 사는 길례 끝남이 스칼렛 펄벅이라고 말하는군요

아들을 기다리지 마세요
꼭 돌아온다고 했다면 아마 오지 않을 거예요 여긴 하늘로 가는 정거장이지 막차가 지나가는 지하철이 아니에요 제발 일어나 봐요 속곳에 몸 푼 똥오줌을 더는 뭉개지 말아요 어린 할머니라 부르겠어요

진품 버버리가방에는 내복 두 벌
달랑 요구르트 한 줄, 자신을 자신이라 내보일 증명서는 어디에도 없군요 다국적 스파이 같아요 가장 가까운 것들의 이름만 몽땅 까먹은 어린 할머니, 한 시간만 기다려요 깜박 기억이 지워진 신神의 회로 속은 싱싱해서 만지기 좋아요

기억을 되살리는 것은 지우기보다 쉬워요
머릿속에 엉킨 인간의 회로는 인간이 만든 기계만이 고칠 수 있어요 로봇사이버나이프를 따라 수상한 과거로 들어오세요 자, 여기 필름 끊긴 곳 어두운 그림자를 도려내겠어요

풍경이 그치지 않는 비행기를 타려
게이트로 가세요 바닐라초콜릿 아이스크림이 둥둥 떠다닐 거예요 비가 오면 초콜릿만 사라지겠죠 잊고 싶은 것만 달콤하게 잊을 수 있는 권리를 드릴게요

섬 속의 섬 제주공항 로비는
환한 옹기 속 같아요 어린 할머니를 지게에 진 가이드 한 떼가 또 구름처럼 몰려와요

그리운 상아탑

–난쟁이(Nanos)들의 세상 1

미친 봄이에요 머리가 터질 것 같아요 수천 만 권의 책이 쌓인 대뇌가 적벽가를 불러요 내 사춘기 핏빛 강물이 아버지 속으로 흐르는군요 한바탕 싸우기 좋은 역류의 계절이에요

재래식 학교에 보내주세요 머릿속에서 도서관 칩chip을 빼내 창밖으로 던질 거예요

무너져 깨진 책들, 숨이 끊기나 봐요 어두운 골목이 사나운 물목처럼 소란스러워요 강 건너편에서 흰 어금니를 뽑아 올리며 코끼리 울음을 우는 아버지, 또 먼지 나는 비둘기 떼를 날려 보내는군요 하고 싶은 말은 직접 하세요 차라리 불화살을 쏘든지, 메일은 받지 않겠어요

갑판 부서진 배 같군요 깨진 백과사전 말이에요 컴퓨터 AS센터에 갈 수밖에요 책 좀 수리해 주실래요? 어

제의 지식들이 되살아나 척척 제자리에 꽂혀오네요 한데, 종아리 예쁜 여선생님, 조조에게 시집가셨다고요? 업그레이드는 내일로 미룰래요 오늘 하루라도 어제의 두뇌로 미련하게 살고 싶어요

벚꽃 지는 적벽에 서서 초등학교밖에 다니지 못한 아버지 코끼리이빨이 층층 쌓이는 걸 바라보고 있었죠 단층단애의 그 탑을 경배할 수밖에요 하지만 학교에 보내주세요 딱 하루라도 좋아요

어제와 오늘의 저장용량 차이를 치매라고 부르죠 소뇌의 툴바에 저장된 책들도 모두 피를 토하고 죽었으면 좋겠어요 바보놀이와 시체놀이가 유행이잖아요 요즘,

문 워크Moon-walk

중력에 지쳐서 무중력의 춤에 쉽게 반했지

앞으로만 돌아가는 지구별 컨베이어벨트 위에 서면
땅속으로 빨려 들어가는 것만 같아
거꾸로 걷고 싶었던 거야

Billie Jean을 노래하며 목젖을 뒤로 꺾으며 발바닥으로 달 표면을 문지르듯 왼발 오른발을 번갈아 뒤로 미끄러뜨리며 무릎뼈를 살짝 구부리며

바닥을 밀며 뒤로 걷는 걸음, 왜
공중에 붕 떠서 한 스텝
앞으로 나가는 것처럼 보였을까
아마 달을 걷고 싶었던 거야

독한 술에 취한 로봇 이카루스가
다리춤을 추는 밤

자전自轉을 동경한 달은
죽지 않은 시체들 사이로 자꾸만 가라앉지
잃어버린 날개와 마이클 잭슨을 부르며
비 맞은 좀비처럼 울며

누군가 또 다른 나를 걷고 있는 거야

우수한 조작

수퇘지는 새끼 때 불알을 떼버린다지. 그래야 고린내가 사라진다고. (나도 가끔 수상한 당신 몰래 토란 두 알의 안부를 주무르곤 해.) 아예 묵은김치 맛과 녹차향이 나는 삼겹살을 잔뜩 매단 퓨전돼지를 사육하면 되겠네 뭐. 유전자 섞기 놀음으로 떼돈을 벌어봐? 밀과 옥수수에 선인장의 갈증해소법을 넣으면 사막에서도 잘 자랄 거야. 딸기에 포도 줄기의 자유분방함을 섞으면 딸기도 치렁치렁 열릴 테고. 닭에 개를 버물리면 어떨까. 닭다리는 네 개, 개 껍질은 술안주, 애들이랑 눈치 보거나 싸울 일 없어 좋겠네. 개보다는 게가 낫겠어. 어머머 이제 닭 다리는 여덟 개, 단체 급식용으로 딱! 이겠네. 고칼로리, 질 좋고 값싼 먹을거리가 남아도는 유토피아가 올 거야. 3초마다 한 명씩 굶어 죽는 지구판 코미디는 없어질 걸? 능구렁이만큼 큰 미꾸라지를 만들고 한 달 만에 다 자라는 연어도 길러봐야지. 앞으로 회귀, 라는 명사는 철학사전에서나 찾을 수 있을 거야. 참, 딸기우유 초콜릿우유를 직접 짤 수 있는 업그레이드된 젖소를 만나게 해준다고 어느 무지막지한 유전학자가 이빨을 깠다더군. 송아지가 단맛 나는 젖을 좋아하지 않는다면 어미 소는 얼마나 어처구니 없어할까! 파란장미의 꽃말은 불가능이었는데 웃기는 과거사가 되었다는군. 자줏빛 장미꽃 속에 팬지의 퍼런 웃음 한 방울 떨어뜨렸더니 살아도 못 살아, 시퍼렇게 울더래. 이번엔 하트무늬가 그려진 백합꽃도 나올 거래. 에사키뿔노린재 등딱지에 붙은 노란색 심장이 낙인찍힌 꽃나발 말이야. 가슴 두근거리는 밸런타인데이를 기대해도 좋아. 여기까진 예고편이야, 머지않아 이마에 뿔 달린 말, 앞다리로 싸우는 닭이 세상을 활개치고 날개 달린 사자견이 하늘을 지배할 거래.

쉿! 베란다 화분에 열린 토마토가 드디어 빨간 쥐새끼를 임신했어. 육식을 싫어하는 둘째 아이에게 갈아 먹일 거야. (자기야, 남녀가 한 몸이라면 좋겠어. 주말마다 치르는 의무방어전에 너무 지쳤거든.) 유전자는 섞일수록 매콤하고 영리해지잖아. 웃기는 짬뽕처럼!

미니돼지 프로젝트
–배아복제 4

사람만 한 진품은 없다

만수무강 프로젝트에 끌어들인 돼지가 골치다 돼지 뇌로 바꿨더니 밤마다 미니돼지 꿈을 꾼다 나는 돼지를 꿈꾸는 사람인가 사람이길 원하는 돼지인가

십 할 나는 돼지다 정액이 고인 콘돔처럼 더부룩한 위장을 일 미터나 갈아 끼웠고 자꾸 들썩거리는 오른쪽 어깨를 교체했고 삐걱대는 검정 허리건반 몇 개도 바꿨다 술집은 여전히 호황을 누리고 종로 양아치들 왼쪽 턱은 박살이 나고 미스 박 신음소리는 한 옥타브 올라갈 것이다

멍청한 22세기는 야맹증 걸린 가로등 눈알을 박은 돼지 같은 사람들 아니 돼지들 그리고 순종인 몇 명의 사람과 인간 비슷한 동물들이 영토를 나누고 지배할 것이다, 버림받은 신神들이여 명찰을 붙이고 무료급식소 앞

에 줄을 서시오

복제되므로 존재하는 나의 원본은 부위별로 쓰레기하치장에 버려진다 나는 어디에도 있고 어디에도 없다가 어느 날 갑자기 기어 다니는 식물로 진화할 것이다 새로운 윤회의 개념,

돼지와 소통하며 산책하는 개나리처럼 잠을 자는 밤,

미스 박의 팬티라인과 젖가슴을 힐끗거리는 '나'를 또 다른 내가 질투하고 있다 두 개의 몸과 마음으로 사는 일이 내가 얻은 최후의 생生, 세상의 마지막 해가 붉게 떠올라 돼지 입에 물려 있고 아침 개들은 멀리서 짖고 있다 저걸 사람이라 부르며 또 하루 살아야겠다 돼지야,

사랑법
–배아복제 5

너 때문에 또 심장을 바꿨다 옘병할 춘향아

그러니까 어젯밤엔 [나] 셋을
네 아파트 엘리베이터 앞, 벚꽃 지는 강변도로 에쿠스 보닛 옆, 띠아모 커피숍 샤넬 테이블에 세워두었는데 만나는 [너]마다 네가 아니더구나

원본을 보여다오
[너]라는 사본은, 같아도 같지 않은 유전자를 가진 너의 근위부대원, 살아도 못 살겠다 사기꾼 춘향아

너 때문에 가슴 찢길 때마다
또 다른 [나]가 보관된 냉동고 문을 열었다 영하 196°c 얼음꽃 속에 밀랍인형처럼 서 있는 [나]를 꺼내 녹이고 팔딱팔딱 뛰는 [내] 심장과 너덜너덜한 내 심장을 바꿔 달았다 환장할 춘향아

오늘도 심장 없는 [나] 하나와
상사병에 오염된 심장 하나를 집 앞 가로등 밑에 몰래 버렸다 폐기물투척 혐의로 잡혀갈지도 모르지만 돈도 없고 [나]도 이젠 재고가 없다

정말 돌아오지 못하겠다면
생생한 여분餘分의 [너]라도 하나 꽁꽁 묶어 택배로 보내 주겠니? 배달의 딸 춘향아,

부엉이바위의 말을 복제하다
-Twitter

1.

입을 열지 않아서 우리는 검은 색의 한 국적을 가지게 되었다 모두의 입안이 검은 것도 아닌데. 잠든 모니터의 전원을 켜면 지친 말[言]들의 말초신경을 살려내는 칼끝이 혀를 날름거린다 미래의 입은 현재의 항문

좋은 말은 양약良藥처럼 죽었고 죽은 바보 너는
첫 수음을 거친, 14일을 갓 지낸, 열닷새가 생의 첫날인,
싱싱한 배아
짧은 메시지를 모아 경전을 만드는 말의 추종자,
하지만 다수의 엄격한 교주 위에 선 전지전능한 하나의 신神,
단 2초의 기억력으로 교리 유지를 버텨오다 한 명의 신도만이 전능하다는 비보를 전송하고 하찮은 몸을 던졌지만 이 땅의 사람들처럼, 동종인 바보로 영원히 살 수 있겠다.

이런 자유로운 죽음의 형식 위에 해가 뜨면 좀처럼 밤이 오질 않는다

2.

새로 생겨난 신神의 발견은 토네이도 급 특종, 살아 있는 자의 축가祝歌로 불리리라. 저이의 죽음이 왜 이리 즐거울까? 바보의 수정란들이 단단한 껍질 속에서 벌 떼처럼 퍼져간다. 터지면, 더러 잠언이 되려다 죽어버린 문자들의 무덤에서도 향기가 날 것이다. 눈물도 흘리지 않았으니 돌 속의 비문도 썩지 않을 걸?

이 메시지에 반한 follower들의 피가 금 간 유리창에 배어온다 말의 사이버나이프가 혁명을 일으키기 좋은 모드로 새벽을 물들이고 있다 폭포로 쏟아질 때까지는 이 바위 위에선 한 사람도 죽지 않았다고 쓴다 지운다 없지 아니한 문자가 간다 온다

이브의 탄생

주문자생산방식으로 만들어진 여자가 배달되었어 꼬리뼈가 없어서 혼외정사 쪽으로 진화하지 않을 X, 내가 조립하는 건 예쁘고 싱싱한 이브

부위별로 잘 포장된 늘씬한 팔다리에 빵빵한 엉덩이와 가슴, 곱고 하얀 피부

오래 방치할 수 없는 향기로운 주검아 미끈한 골반 라인으로 발리 해변의 시원한 바람을 불러주렴 촉촉한 너에게 입력된 주인의 지위에 관한 내 코드는 하나뿐인 남편이자 왕, 절대 수정되지 않을 걸!

생물학적 여자의 불량 인자를 제거하고 태양의 새콤한 감성을 주입한 이십 대 중반 마이 원더풀 이브! 자위용 인형이 아니야 내가 출근하고 나면 베란다 흔들의자에 앉아 햇빛을 들이마시고 즐거운 여자로 매일 적당하게 구어지지 푸른 동공의 태양광충전식에 감성지수 100%

하지만 며칠 비라도 내리면 사사로운 감정이 생겨나겠지 새벽 취중의 젖은 눈꺼풀에 내 다리 네 다리 합이 여섯 다리 너털웃음 매다는 건 시간문제겠지

그러니 너에겐 하룻밤치의 백치미만을 허용할 수밖에. 옷깃만 스쳐도 인연이란 말, 무중력의 땅에서나 쓰는 마약이라니까! 아, 재수 없어 신화 속 이브의 젖꼭지 빗방울이 떨어지는군

충관도蟲觀圖

–이상은 이상이고 이상은 이상이 아니다

어떤 새라도 머릿속 칸막이 하나를 지우면 까마귀가 된다

이 진술은 날개 달린 상형문자의 엔트로피 상승에 관한 대국민 질문이 아니다 머리통을 비워 펜대 꽂힌 입으로 바꾸면 길들여진 언어와 기억을 버릴 수 있어 좋지 않는가 압축과 생략만큼 화려한 죽음은 없으니. 일장기 나부끼는 경성부청 시계탑에 앉아 조감도鳥瞰圖를 그리던 공작孔雀 한 마리도 그렇게 추락했다 폐병은 생물학적 사망 원인일 뿐 그는 지성과 야성의 뇌하수체를 뒤섞어 자신을 살해했다 어느 누구도 기소되지 않은 이 타살의 공소시효는 무한대, 70년 된 범인이 일어서고 있다

이 이상한 가역반응可逆反應의 이중나선형 사다리와 단백질 지도地圖는 인간에 의해 만들어진 고상한 신神을 다시 시험관에 들게 하리라 인큐베이터에 든 아버지

는 있어도 형이나 누나는 없는 세상, 당신들의 어린 아버지들 사이, 야반 미아리공동묘지를 빠져나와 수암연구소로 달려가는 금홍이 치마폭에서 하얀 뼛가루가 흐른다 꿈틀거리는 고개를 넘고 강을 건너 앞서거니 뒤서거니 걸어가는 날개와 입의 유전자들, 멀리서 보면 하나의 선분이다

분골쇄신의 수양을 끝마치니 살아가야 할 차원이 달라지는군

머릿속 태양에 사는 삼족오三足烏 발목 같은 내 시詩의 트라이앵글은 질주 도식화 굴레라는 세 꼭짓점 때문에 오랫동안 악성종양에 시달려왔다 이젠 가야 할 목적지를 정했으므로 그림자로부터 강요당했던 서정抒情의 임의의 세 지점 A, B, C는 둘을 더하거나 빼거나 나머지 하나에겐 아무런 의미가 없다 세상에 또 어떤 전위적인 자력이 남아 있어 나를 끌어당겨 일자

一字로 펼 것인가 그 지휘봉으로 컴컴한 동굴 속 전파를 일으키고 그 큰 바늘로 너덜해진 세상의 입과 노래를 몇 땀 꿰매리라 3차원 4차원 4.2차원으로 솟구치는 오래된 내 병의 이름은 검지도 하얗지도 않은 상상력想像力, 초원의 무사 같은 당신들이 자충수自充手라 부르던 우주 반상 최대의 묘수妙手,

나는 하나의 행성에서 적어도 다섯 개의 우주를 앓고 있었다

하지만 세상에는 더러 확정 지을 수 없는 병명들이 있어 지구별 의사의 다른 이름은 의증환자疑症患者 아니던가 내 첫잠은 너무 길었어!

한숨 자고 일어나니 더는 내려다 볼 수 없는 세상, 지피에스GPS의 높이를 빌리지 않고서는 조감도를 그릴 수 없다

몸피가 작아지고 눈에 눅눅한 무지갯빛 알이 스는 섬망증譫妄症을 앓는 사람들이 벌레처럼 땅바닥을 기어 다닌다 환상적으로 공중부양된 도시를 올려다본다 하늘 천정 빽빽이 들어찬 초고층 건물과 번뜩이는 전광판들. 부도난 건축업자로 다시 태어났으니 이제 건축무한 다면체를 지을 것이다 지구의 핵을 닮은 슬픈 늪이 고인 뇌, 당신들의 머릿속 거기.

고강도 강선을 삽입한 코어 월core wall을 땅속 깊숙이 박아 척추를 세우고 지구 생명체의 엑기스, 오일oil의 팽창 압력을 건드려 200Mpa(메가파스칼, 2800kg/㎠) 초강도 콘크리트를 초고속 압송하고 3일을 양생하여 슈퍼맨의 근육을 만든다 이런 한 층 골조의 공법으로 층층이 쌓아 119미터 높이에선 허리를 왼쪽으로 52° 비틀어 배신하기 시작하는 태양의 일조량을 가슴과 등에 나누어 받고, 386미터쯤에선 테라스 젖가슴을 앞뒤로 하나씩 매달아 볼륨을 주고, 588미터 높이에선 심장에서 머리가 멀어 해종일 현기증에 시달리는 혈압 낮은 기린의 목 같은 스카이라운지를 해 뜨는 동쪽으로 빼내고 외벽은 딱딱하지만 살갗보다 가벼운 커튼 월curtain wall을 덮어씌운다 투명해서 유리라고 불리지만 공기에서 빼낸 탄소 덩어리의 나열이지 곧잘 비껴선 하늘이나 그에 속한 졸개들의 거울이기도 하고, 하늘을 비춰보고 들여다보고 비꼬기도 하는 것이 최전방에 배치된 이 벽체의 임무이지 이제 비바람에 견딜 수 있도록 동공과 내장 속에 거대한 추, '댐퍼'를 매단다 직경 6미터에 무게 660톤짜리 강철공, 이놈은 오로지 건물의 흔들림만을 먹고 살지 고층에서 늘어진 4개의 로프에 매달아 8개의 유압 범퍼로 고정시키면 건물의 최대 진동치를 1/3이나 먹어치우지 어느 천자天子의 입에 물린 여의주보다 영악하지만 밖으로 나오진 못하니 제 주인의 승천에겐 악재. 지진이 날 때는 땅에서 살짝 발을 떼면 되지 않겠는가! 그 옛날 변동림의 스카이콩콩 방중술처럼. 탄성 높은 강재

鋼材 스프링을 신기는 거야 슬리퍼처럼. 옥상에 풍력과 번개 발전기만 놓으면 이제 한 마리 짐승

땅에 꼬리를 묻고 커가는 이 다면체의 빌딩이 공중을 잡아먹고 있다 21세기에 치켜든 고개가 너무 아프지 않는가 다들 벌레처럼 기어오르시라

나는 벌써 130층 축구전용구장.

숫자 13에 대한 예우이지 중력이 작아진 공중운동장에서 축구를 하자 우리는 누구나 지성파波 아닌가? 지난 날, 일자一字로 일어섰다 나자빠진 세 개의 선분은 초라한 만년필과 가는 성기와 팔뚝. 탄생 백 년을 기념하여 이 세 개의 도구로 다시 시를 쓰겠지만 작대기 세 개를 매단 시인은 죄인, 1+3. 이렇게 열한 명의 선수와 코치와 감독, 합이 열셋 꼭 예술 축구를 하리라

팀워크를 강조한 이 기표에 스티븐 호킹만이 동의하

지 않아 등번호 0번을 달고 골대 앞으로 밀렸다 플러스와 십자가를 혼동한 골키퍼 뒤엔 화이트홀을 마시고 취한 4.9차원의 블랙홀이 평면, 입체, 곡면도 아닌 얼굴로 쿨렁거리고 있다 내 발등에 차여 지구 밖으로 튀쳐나간 축구공은 5차원의 심사를 가지지 않는 한, 빛조차도 탈출할 수 없는 강력한 중력에 갇혀 나오지 못할 것이다 그러므로 거울에 비추나 마나 이 토너먼트의 스코어는 언제나 0 : 1, 반성하면 죽고 반성하지 않는 자는 살아 있으므로 항상 승리하리라! 수억 곡의 응원가가 흐르지만 나는 한 곡만을 선택해 듣는다 그 사이, 복제인간 고객을 위해 미아리에서 용인까지 논스톱 지하철 노선이 급조되었다 탑승자 한 명의 이름은 팝의 제왕 마이클 잭슨, 그러나 걱정 놓으시라 히든카드는 어디에도 없고 어디에나 있으므로 죽은 당신도 탈 수 있다 문 워크Moon-Walk 춤은 지구에서 출 수 있는 마지막 춤이 아니다 마이클! 이 스타디움에 도착하기 전에 노래 부르며 춤부터 추게! 오른

발잡이는 레프트윙이 적합해 포지션에 구애받지 않는 지성의 저 현란한 드리블

하프타임 230층 축구박물관.

가까운 행성의 사람들과 희화적인 369게임이나 쓰리섬게임을 하지 않은 오류를 범한 이 별은 미래가 없다 잡식성 도시건축물의 면을 짝수로 증식시키며 무한대 문명의 보조장기補助臟器로 키울 뿐. 정삼각형은 정사면체가 될 수 있으므로 잘 접힌다 평면의 십자가가 접혀 정육면체가 되었듯 부메랑은 정팔면체 코스모스 꽃잎 두 장은 정십이면체, 톱날은 정이십면체가 되었다 각 꼭짓점에 모이는 면의 개수가 같은 다면체가 정다면체 아닌가 우리는 새로이 추가될 정다면체 몇 개를 더 그리려 하고 있다 언제까지 커져가는 축구공만을 꿈꾸려 하는가

330층 축구전쟁기념관.

여기 6각방은 참회하기 좋은 방. 죄 지어본 적 없고 꿀벌에 쏘여본 적 없는 전쟁 심리학자의 주장에 따라 축구의 메카 남한산성은 화랑표 성냥곽처럼 팔면체로 쌓여갔다 모서리각 60°에서 재범확률이 높다는 걸 모르는 이 건축술은 세계평화에 크게 기여했다 머리에 불을 켜고 뛰쳐나가는 탈영은 줄을 이었고 무기중개상과 축구전쟁은 곧 사라졌다 지금 공중부양 건축물로 가득 찬 창공에서의 워 게임이나 에어쇼는 축구 챔피언리그의 다른 이름이다 어제까지 이 별은 평화로웠다

후반전 430층 다면각체 축구장.

여전히 열셋의 아해다 공격은 막혀 있고 수비는 뚫려 있는 꿈의 구장, 11명의 총알 같은 선수들은 각자의 포지션에 폐병에 걸려 발기력만 좋아진 감독과 69성기 키스의 선구자 금홍 코치는 벤치에 배치되었다 누군가 감독과 코치의 관계를 3-, 로 기호화시켰지만 금홍이

는 후배위를 싫어하는 에이즈 퇴치 전도사. 나는 시를 쓰는 축구감독으로서 죄를 짓고 싶지는 않다

'詩'와 '罪'가 13획인 것과 지금 열셋의 아이들이 뛰고 나는 것과 1+3에서 누군가 떼어버린 십자가가 사라진 곳이 궁금할 뿐이다

화려한 이력을 가져야 꼭 감독시인이 되는 건 아니지만 시인감독은 꼭 화려한 이력을 가져야 한다고 믿었다 또 1 : 0, 서쪽 면의 가짜 거울이 동쪽 면의 착한 거울에게 한 골을 내주고 말았다

530층 패자의 라커룸, 패자의 동굴.

0 : 1은 꼭 화를 부른다 그런 내가 맥도널드햄버거를 외치면 철근콘크리트 벽에서 동그란 빅맥이 나온다 맨하탄의 빅맥환율은 떨어지고 케냐의 카페라떼지수는 오른다 벽은 또 이중 삼중으로 자라며 평면의 공간

을 잡아먹고 둥글어진다 지구별의 혹이 커지면 아프리카의 전성시대가 올 것이다 지금 적도는 만원이다 자전축이 상당히 기울어졌다 당신 허리는 지금 몇 인치inch인가? 거울 앞에 선 상대 팀 감독은 수상한 시인이나 화가처럼 야윈 흡혈박쥐, 더러 재래식 축구장에서 진짜 시인감독을 위협한다 내 뱃속에는 없는 신자본의 냄새를 맡은 신신자본주의자, 이럴 때 감독은 주먹을 내밀고 시인은 성기를 내민다 그래서 나는 늘 이 둘을 동시에 세운다 흡혈박쥐는 자웅동체 자신에게 질려 제 날개를 팔진미처럼 뜯어먹는 것이다 덜 고통스럽게 죽는 방법을 알고 있는 몸 바깥엔 비가 오고 날개 잃은 흡혈박쥐는 파이시즈의 빛을 버린 물고기처럼 순화된다

630층. 스카이라운지.

지구별을 벌레들의 소굴이라 부르며 뻥뻥 발로 차는 우주의 축구쇼가 시작된다 벌레 아닌 지구민地球民은 벌

레뿐이다 벌레의 눈으로 그린 그림은 커다란 벌레이다 나만 아는 나의 첫 우주 붉은 장미꽃 한 송이도 그랬었다

3부

허공의 겨드랑이

염주알다슬기

느려 터졌고, 세상 물정을 잘 모르면
진공 청소되기 좋은 부류다

급류에 떠밀리지 않고 물이끼 핀 강돌을 굴리던 나를 엄지 검지로 똑 떼어가던 시절은 그나마 지났다 물빛 맑은 오늘은 독재자에 의해 싹쓸이되기 좋은 날, 흡입력 강한 진공청소기에 빨려 들어가 눈부신 수족관에 검은 떡돌멩이처럼 부려졌다 창밖의 살찐 오리 떼들을 빤히 쳐다본다 동작이 굼뜬 손님들,

뽀글뽀글 끓는 거품을 따라서
천둥처럼 쏟아지는 박수 소리를 따라서
도돌이표에 갇힌 행진곡 선율을 따라서
허연 뱃살을 밀며 투명한 벽을 기어오르지만
느린 도망자,
하지만 몸에 길든 최고속도로 달려가는
이 고행의 빠르기로도

눈앞에 세워진 길은 너무 길어
땀이 난다 얼음벽마저 뜨거운 세상
몸에 꼭 조여진 집은 이제 등짐이구나

동글동글 말아 딱딱하게 굳힌 위장전술도 고비 때마다 통하진 않았다 들통 나버린 욕심의 무게마저 버릴 수 없어, 천형처럼 벽에 엎드려 처음 보게 된 푸르른 하늘
머리 위에 넉넉했음을
너무 빨랐고 과분한 집을 지고 살았음을

이 죄로
내 푸른 속은 나사처럼 풀려
집을 벗어나겠지
오리 뱃속 빠른 물살의 상처마다 덕지덕지 달라붙은 후에야
내 작은 빈집
반질반질 빛이 나겠지

불국사운동佛國寺運動

1.

한반도를 꽃피우려는 암중모색이 있어

누군가 어제 경상분지 땅속을 열고 동지팥죽처럼 펄펄 끓는 돌죽[石粥] 한 솥단지, 확 부어버렸어 며칠 전 태양의 텃세를 못 견딘 육지가 폭발하면서 바다의 한쪽 가슴을 들어 올릴 때 쓰던 수법이지

그땐 네가 너무 가까이 있었거든

오늘 아침부터, 열을 식히던 돌무더기들이 은근슬쩍 하늘을 들이밀고 있어 아기염소가 모락모락 실연기 피우며 머리 밖으로 서서히 뿔을 밀어 올리듯

완만한 융기라고들 하지 내일, 눈비바람 불고 덮였던 흙이 씻기면 돌들은 눈을 뜨겠지 가혹한 침식이 틔운 단단한 돌꽃들,

우리는 훗날 그 화강암 꽃무더기를 토함산이라 부르

고 불국사를 세우겠지 참, 어제는 백악기 말쯤 되고 며칠 전은 그 초쯤 되고 오늘은 개화기 이전이야! 아, 발바닥 들썩이기 시작했어

쉿, 꽃이 솟고 있어

2.

땅속에서 솟아오른 꽃을 보며 땅속에도 허공이 있음을 알았지 땅을 파고 망자亡者를 묻고 다시 메웠을 때도 흙은 한 줌 남지 않았으니

꽃피는 것도, 져 묻히는 것도 허공의 높낮이와 너비를 가늠하려는 움직임이지 피고 지고, 지고 피듯 마른 몸으로 나를 뚫고 지나갔다 흐벅지게 몸 젖어 다시 돌아오는 이, 또 누구인가

3.

새벽 토함산에 올라 동해바다에서 건져 올린 벌건 마그마 덩어리를 삼킨다
뱃속에 꽃이 끓고 있다

목줄

타래박을 우물물 속으로 내려보내려면
밧줄을 요리 당기고 조리 밀쳐
물 한 모금
먼저 먹여야 했다
고삐 매여 던져진 빈털터리
목마른 분유 깡통은
저 혼자 가볍고도 무거워
늘어뜨리면 서질 않고
꽉 움켜쥐면 수면에 닿지도 않았다
길이가 중심이었다
조금은 긴 듯해야
서로에게 빠져들 수 있었으므로
물 위에 뜬
둥근 하늘에도 마땅했다

바람, 전기수傳奇叟의 성공시대

한 파수 그가 다녀갑니다
기미만세 부르듯 팔을 치켜든 메타세쿼이아 나뭇가지
행과 행 사이를 꼼꼼히 훑고 갑니다
우수수 떨어지는 붉갈색 바늘이 땅에 꽂혀
비장한 글자가 될까 봐 안절부절,
오늘부터 마음 누그러뜨리기로 합니다
나무는 쇠침 뽑힌 갑옷을 입은 패잔병처럼
치욕스러워 잠시 푸르르 떨기만 할 뿐
겨드랑이 찢어지도록 앞뒤 손을 잡습니다
이열종대의 사열 가운데로
문자의 길이 쇠리쇠리 흐릅니다
몸에 돋은 뾰족한 날글자 한 획 한 획을 빼내야 하는
저들은 태생이 문사文士입니다
칼에 베여 눕지 않아도 겉과 속이 다르지 않은
온몸이 꼿꼿한 글자요 올찬 목간木簡입니다
우뚝 서서 따끔한 책 한 권의 배움배움을
길 위에 던질 줄 아는 지장智將이지요

어디선가 박수소리 들릴 때 낮달은 항상 거수경례를 합니다
떨어지는 낙엽도 책이 될까 봐 광대가 될까 봐
가슴 졸였던 전설적인 이야기꾼 풍風씨도
살아 움직이는 글자를 밟지 않으려 까치발로 건들건들, 글과 길 위에서 실직을 만끽합니다
사대문 밖에는 서당이 생기지 않길 원하던 그는
혼자 터득한 문자를 입에 물고 난장마다 떠돌았지요
영웅담을 읽어주고 벙거지에 떨어지는 동전을 챙기면서 평민의 문맹이 오래오래 지켜지길 바랐지요
또 입담 좋은 입으로 몇 문장 쪽쪽 빨고 있군요
나무가 입안에 가시 돋은 바람을 보드랍게 낭독할 시절이
코, 코앞에 왔는데도 말이죠

나비효과

요사채 툇마루 한 점 티끌로 앉아
온종일 바람을 기다리는데

어디서 노랑나비 한 마리 나풀나풀
고목 가지 끝 날아와
떠받치던 하늘을 순식간에
앞뒤 날개로 힘껏 밀어 올리던 거라
꺽꺽, 사방팔방 꺾여 오르는 허공의 겨드랑이마다
모다기모다기 노랑나비 피어나던 거라

올해도 모감주 꽃 흐드러져
목 빼고 우러르는데

그날 그 날갯짓 또 찾아와
꽃송이들 죄다 떨어뜨리는 거라
내 안에도 옛집을 나간 동승童僧이 있어
황금꽃비 맞고 떨어진 종소리 주워

줄줄이 염주로 꿰는 거라

허허허, 목에 걸려 있는 나를 어디서 찾고 있었던고
삼소굴三笑窟 야반삼경

걸어 잠그지도 않은 대문 빗장을
쿵쿵 두드리고 서 있는
다시, 그대 이름 폭풍우

미주알 부처

2층 벽체, 레미콘 타설 중
거푸집으로 빨려 들어가는 쏴아악, 소리가 자꾸 뒤 구리게 한다 코가 손이라 코끼리인가 코가 길어 코끼리인가 생각해보면 콘크리트 펌프카, 저 똥구멍 긴 동물을 뭐라 불러야 할지

온몸이 미자발인 환형동물 이름이 개불, 인 걸 보면 개펄의 항문도 부처의 일종일 텐데

콘크리트 통조림만 먹어댄 저이, 밑 빠질 수밖에 없었겠다
거칠거칠한 모래 삐쭉빼쭉한 자갈이 속 훑어 잡아 늘였으니 푸성귀 하나 없는 회색 똥을 고압으로 쏘아댔으니

하지만 똥이 굳은 후에야 탄탄한 기반이 놓였고 번들번들한 벽, 시원한 옥상이 섰느니

입과 똥구멍의 위치가 바뀌어 곡기 끊고 회죽만 먹은 저 머슴,
반듯한 집 한 채 짓고 자식들 가르치느라 똥구멍만 길어진 콘크리트 펌프카 같은 저이를 뭐라 부르리

수치질 수술하고 베개 위에 엎드려 똥구멍 접고 있는 아버지, 저 부처님을

가물치말뚝

흐린 늪 한가운데
다소곳한 뗏장 풀밭에
구름을 올려다보며 서 있는 가물치 본다
물속에서만은 살 수 없는 몸
탁한 물보다 시원한 바람이 좋아
물 밖으로 아가미를 내민

릴 뭉치와 개구리루어 사이엔
투명한 낚싯줄과 산란 직전의 목숨 건 매복이 있는데
얼룩무늬 해병대 군복에 해캄을 뒤집어쓰고
꼬리를 물풀 사이에 쿡 찔러 넣은
물구나무선 모성이여
낚싯바늘에 감춰진 생생한 유혹
어찌 견딜 만은 하신가

태어날 새끼에게만은
넓은 하늘을 물려주고 싶은 가물치를

버드나무 위에서 보았다는 소문이 있었고
산달을 앞둔 어떤 이는 귀 달린 가모치加母致를 잡으러
몽둥이 들고 산으로 떠났지만

누워 있는 과녁에 명중된 화살처럼
끄떡없이 꽂혀 있는 가물치

수초둥지 속에 노란 알을 낳고 알자리를 지키는
살아 숨 쉬는 저 말뚝
내 태생의 늪, 중심을 깊숙이 찌르고 있다

엿본 죄라도 얻어
나는 아직, 많이 아파해야만 한다

이우耳羽

밤잠이 없어지더니 어느 날부터 귓바퀴도 없어졌다 그 자리에 털이 나고 기다란 깃이 돋았다 나뭇가지인가?

아내의 귓속말을 들은 지 참 오래되었다 나이가 들어간다는 것, 귀가 자꾸 하늘로 오르는 날카로운 병病이리

TV도 잠을 자지 않는군, 웅크린 들쥐 한 마리 낚아챈 수리부엉이 수컷, 솟구치더니 절벽 틈새로 꽂힌다 검은 성기를 받아들이듯 들쥐를 꾸역꾸역 삼키는 암컷, 생식은 괴롭고도 즐거워요, 털 속에 감춘 뜨거움을 비빈다 캄캄한 들길은 뱃속에서 꿈틀거리고 달은 붉게 물들고 푸-호 포-호 포만의 이중창은 흐르고

잠든 아내의 아랫배에 귀를 대고 잊혀가는 길의 숨소리를 듣는다 날이 샐 때까지 귀 깃을 세우면 역시 순

해지는 내 귀,

귓바퀴가 사라진 뒤로 아내의 목소리는 언제나 눈앞으로 날아온다 눈 밑에 순간 모였다가 양 갈래로 갈라져 귓구멍을 찢고 들어온다 카랑카랑해지는 말[言]의 칼에 고분고분해지는 내 귀, 제일 먼저 철이 들고 가장 늦게 죽는다던가?

어느 날, 별을 찾아가는 이정표가 귀에 솟는 건 시간문제다 아무래도 뿔은 아닌 듯하다

미늘

난바다도 허기지는 끝날물.

상어 이빨처럼 튼튼한 쩍장화 쇠못을 간출여 가슴팍에 꽂으며 한 때의 들물을 기다린다. 본류대가 콸콸 쏟아지겠지. 무서움 앞에서 대물을 기다리며 낚싯바늘을 감춘다. 참돔은 모른다. 생각이 빙빙 잡아 돌고 복창이 터져 두 눈 뒤집힐, 작은 바늘 안쪽의 미늘에서 벗어날 수 없음을.

보고 싶다.
내 생을 요동치게 할 수는 있으나
거스를 수 없고
그렇다고 환치還置할 수도 없는
울컥, 목에 걸려 빠져나올 수 없을
네 격정의 몸짓.

숨은 여와 여 사이

서서히 찌가 흘러가고 감전되듯 어신이 온다. 몇 차례 깜박이던 찌가 기어이 물속으로 고개를 처박는다. 내 악력으로는 도저히 버틸 수 없는 힘이 온다. 이럴 때 내가 믿는 것은 오직 바늘의 미늘뿐. 그러나 낚시를 하다 보면 때로는 미늘을 삼키고 낚싯줄마저 끊어버리는 대물도 만나느니.

어느 순간, 내 영혼이 보이지 않는 남의 미늘에 걸려 꼼짝달싹 못함을 뒤늦게야 눈치채느니.

* 미늘 – 낚시 끝의 안쪽에 있는, 고기가 물면 빠지지 않게 만든 작은 갈고리.

** 간출여 – 간조에는 물 위로 드러내고, 만조가 되면 수면 아래로 잠기는 여.

립싱크

중학교 1학년 딸애 방안에
아카펠라 댄스그룹이 산다
그들은 그 애 마음으로부터 수배 중이다
예비사위 다섯 놈 몽타주들이 붉고 푸르게 내걸려 있다 녀석의 주장처럼 동방의 신이 일어나고 우리 집에 곧 신화가 생길 것 같다
〈내 마음은 동방신기東方神起, 다섯 왕자에게 시집갈 테다〉
우리 집 가훈은 역시 '一堂五' 이고, 손해의 셈이 아니니 흐뭇하다고
아이 등을 토닥이며, 립싱크한다

CD를 꽂는다
반주 없는 합창이 발랄하다
모르는 가사는 넘어가고 익숙한 대목에서만 립싱크한다
테이프를 넣는다 이은하 밤차 혜은이 진짜진짜 좋아

해, 늘어질 대로 늘어진 삼십 년을 기어서 창부타령조로 흘러나온다
　나는 길게 립싱크한다

열대야

큰일 나부렀소 좆심에 환장헌 놈덜이 우리럴 삼팔따라지에 알로 봐부렀소 좌우지당당 간에 단군 이래로 초복 추렴은 공공연헌 비밀이라고덜 했지만서도 새복부터 핏발 선 눈에서 눈으로 소증 터는 방문方文을 쉬쉬 돌렸던 것이당께요 즈그들끼리만 말이요 첫 곡曲의 쌩소리만 끅끅 긁어쌓는 고장 난 축음기맹키로 배때기고프면 마당 중심에서 가장 먼 원을 그림시롱 하늘 아래 첫 곡哭만 불러제끼던 늙은 누랭이를 명 밭에 무시 뽑듯 쑤욱 뽑아 갔당께요 성님,

옆방 사는 들출이 놈, 해가 정수리에 백혔는디 그제야 골 마리 추어올리며 들창코 씩씩 불며 조대조대 요러든 것이었는디

이리 오시오 싸게 오시오 누랭이 딸려가면서 네 발로 버텨 새긴 두 줄 철길 좀 보란 말이요 검은 눈동자 간디 없고 묵화 여백 겉은 흰자위만 겁묵은 낮달맹키로

휘둥그레 떠 있소 호딱호딱 마당은 뛰는디 한꾸네 뽑히가지 못헌 쇠말뚝은 한날 해를 따라 돔시롱 그림자만 질쭉 잡아 늘이고 있당께요 시방 우리 새끼 몽둥이질 당허다 기차 화통 삶음서 나럴 찾고 있을 건디 어찌끄나아 깝깝헌 가심에 천불이 나네 살아도 못 살겄다 마당아 나 살려라~,

꼬시랑내 맡은 중 마른 절간에서 깽 매기 치듯 저 혼자 따불따불허다가 기언시 한 눈물 뽑는 것이어서 금메 말이다 야야, 이 인정 많은 놈아 깽본 다리 밑으로 싸게 가보그라 아즉 안 맸을 랑가도 모를 일 아니냐, 참으로 대견타 싶어 요러 요러기도 했든 것인디

천하를 더끌더끌 데치던 해 서산 넘어가고 다리 밑 갔었든 사내들 거나하게 취해 낮 뺀들뺀들 협객마냥 몰려왔는디 허 고놈, 돌아와요 항구에 그리운 내 님이여! 생 멱을 따든 것이었고

그런디 성님, 말인께 말인디요 복날 소복으론 개장국

이 왔다! 랑께요, 엄지 치켜세우고 삐비 눈웃음 꼬며 실렁실렁 뒤로 내빼든 것이었고

빼쭉뾰쪽 눈 흘기던 각시 손에 끌려가서는 아닌 말로 개 패듯 걸쭉한 몽둥이찜으로 새벽까지 퍽퍽, 레코드판 첫 곡만 돌려대는 소리로 꺽꺽, 좁은 마당얼 뱅뱅 잡아 돌리드라는 것이올시다

천지인이 모다 한통속의 우산을 둘러쓰고 악을 쓰는 미친 건달 겉은 꽃밤이 가슴에 진을 쳐 잠도 비도 오지 않드라는 그러니께, 지구의 오존층吾存層에 허연 눈구멍이 뚫려 노랗게 익어가며 며칠 밤 끄응 끄응끙 울부짖드라는

낮달

해조음 들으려고 홍련암 관음전 마룻바닥에 뚫린 사각 구멍 기웃거리다가 내 귀, 바다 귓속으로 빠져버렸다 한때 네모지고 유한有限했을 세상의 깊은 귀 되었다

앞서 삼매에 빠졌던 이, 한낱 파도소리에 무심했었구나 듣고 들려주는 일이란 한 독경 속 썰물 밀물의 오류였구나,

모질게 한 바퀴 돌아 와보니 입, 귀 한데 붙은 둥근 귀족들 붉고 희게 커지고 있었다 무수히 해 뜨고 달 지다가 어느 날은 수평선이 낮아지고 내 귀 하늘에 내걸렸다는

남은 내 귀 하나의 관음觀音, 제법 들을 법 하겠다

쇠파이프로 만든 열녀문

열녀?
꼬시고 속아지 뻔한 말이제 실은 생과부 아니것소 우덜이 언제 요런 것 짓어주라 했다요 선거철 다가오니께 웃자리묵은 양반들 명령이담서 쇳곳으로 이틀 만에 뚝딱 맹글었제라 뽄들 받아라, 매갑시 치켜세운 거랑께요 옴짝달싹 못하고 수절하면서 열쪼시 새끼들겉이 퍼질러 놓은 자식들 숭굴숭굴 키운 것이 무슨 자랑이다요 확 뽑아불고 싶구먼은.

살 붙어도 안 여럽게
옴팡옴팡 막 살만한께 무담시 죽여부렀소 여그는 험한 산을 낀 갯가라 마을덜 모다 똬리 틀고 외진 데 있응께 피해가 커부렀소 부역한 죄로 즉결 받아 죽고 무서운께 산으로 내뺐다가 빨갱이로 죽고 내려왔다가 경찰 끄나풀로 죽고. 도다리 눈깔은 왼짝에 광어 눈깔은 오른짝에 붙었지만은 우아래 바꿔보믄 또 좌우가 틀려지는 것인디 꼭 그 짝이 난 거요 총구녕은 못된 주댕이만 있제 잘난 눈깔은 없다고 안 합디까

세상에 즈덜이 만든 전쟁에

듬쑥한 남편 바쳐불고 과부로 잘 산다고 저거 세워줄 때는 무작시럽게 야속합디다 방구깨나 뀌는 놈덜 해마다 끼대와서 사진깨나 박았는디 잘잘하고 감푼 손주 놈덜은 저걸 요상한 축구골대라 합디다 짭짜름한 개펄 바닥에도 민물 솟는 자리가 있는 법인디 나라에서 과부덜 폭폭한 마음까정 워찌 알고 관리를 하겠다는 건지......

버드낭구 앉은 까치집도

생가지로 지으면 포릇포릇 커간다고 안 합디까 그저 바람 불듯 말듯하게 비 올듯 말듯하게 여인네 볼그스럼한 맘 고쟁이 속에 다 숨켜불고 한바탕 더터묵을만한 놈덜 야물딱지게 개래감스로 살아온 우덜이요 벌어진께 입이제 꼬막겉이 입 봉헌 열녀랑 술살 폴아 묵는 색줏집 논다니랑 뭐 한 장 차이 아니요?

워떤 년은 춘향이 빤스를 입었다요!

사족蛇足 1

아버지 살품에서
갈맷빛 뱀 한 마리 걸어 나온다
기체후일향만강 하옵고……
헐거워진 단추와 단추 사이를 비집고
구구절절 풀려나오는 색 바랜 군사우편

아버님 전상서 기다란 사연 끝에
추신,
몸통보다 더 크고 긴 발들이 붙어 있다
다름 아니오라,
애먼 이빨을 부러뜨리고 따블빽을 잃어버려
늘어뜨리는 급전急錢의 계좌번호

날름날름 쓸데없이 덧붙인 말이
본론이 되어가는 논문은 인제 그만
오늘에서야 몸통보다 커진 발을
몸속으로 구겨 넣었더니

아, 앙상한 갈비뼈

발이 너무 많다 딱딱하다 뱀은,
난장마다 가슴으로 걸어 다녔던
고무다리 아버지는,

사족蛇足 2

눈에 보여야 발인 줄 알았네

어릴 적 토방에 돋는 비꽃 보며
간들간들 자울다 나비잠 들면
한둘 금 작달 비는 몰래 다녀갔네
비 그치고 풋잠 깨이면 남생이 등짝처럼 쩌억 벌어진 황토 마당에 찌는 염천 치켜보며 꿈지럭거리는 미꾸라지 여나문 마리,

물길과 하늘길은 서로 다를 게 없어
세상은 하나의 난달이라,
할머니는 미꾸라지가 빗줄기 타고 하늘 거쳐 제 발로 바삐 걸어왔다 하셨네 소쿠리에 쓸어 담고 소금 뿌리며
세상에나 제 발로!

미꾸라지는 새끼 뱀!
나는 나는 구쁜 마음이 없어 도리 밥상 턱 괴고 앉아

익은 뱀 발을 찾느라 저녁 내 난초 사발을 뒤적거리
고, 뒤적거리고
또 무서운 잠이 들면 엄마는 꿈속에나 오고

눈에 보여야 발인 줄 알았네
몰래 찾아온 걸음에 울면서도

뚜벅뚜벅, 눈에 띄게 어딘가로 걸어가려는 나여
아픈 상처로 따사롭게 스며가는
발이 되게나

뜨거운 여백

한 움큼의 하늘이라도
몸속에 담아본 이들은 안다
세상의 지붕은 높은 산이 아니고 바람이란 걸

바람이 허락하지 않으면 솔개 구름도 넘을 수 없는 천왕봉, 노대바람을 만난 재두루미 군단이 산 넘기를 포기하고 서나서나 골짜기로 내려앉아 포근한 눈밭에 골다공증을 부린다 저러다 자꾸만 길어졌을까 머리와 심장을 잇는 저 유연한 한 획, 땅속으로 휘묻이한 자목련가지처럼 생의 뿌리 쪽으로 목을 한 바퀴 쭈욱 감아 당겨 날갯죽지 속에 잿빛 꽃봉오리를 감춘다 따글따글 얼어가는 불립문자, 저 공[球] 위로 밤새도록 떡눈은 내리는데 외다리로 꾸는 꿈, 야물기도 하겠다 나무젓가락에 꽂힌 솜사탕처럼 웅크린 한 마리의 눈송이, 키 작은 나무가 된다 뼛속이 간지러운 나무들 꾸루루꾸꾸 가끔씩 떼로 울음 울어 눈 덮인 낮은 숲을 친다 빈틈없는 설경산수 한 폭

그래, 여백이란
비워놓지 않고 하얗게 그려 넣는 화법
내게도 바람 불고 눈 내리는 골짝이 있어
날마다 학鶴이 내려앉는다
가만 들여다보고 골골샅샅 귀 기울여보고
혀끝으로 톡톡 건드려보면
얼굴 모르는 군홧발의 아버지 뜨거운 숨소리가
백무동에서 들려온다

미학의시선

고 수

초판 1쇄 : 2012년 10월 26일

지은이 양해열
발행인 정현옥

발 행 처 도서출판 가림토
등록번호 서초 바00086
등록일자 2010년 12월 20일
출판사주소 서울시 서초구 서초3동 1558-19 402호
편집 • 디자인 박기동

전자우편 symh2011@hanmail.net

ISBN 978-89-966780-4-5 03810

값 10,000원

※ 이 책은 서울문화재단 2011 문학창작활성화 - 작가창작활동지원사업 지원을 받아 발간되었습니다

서울문화재단